隋唐

[清] 褚人获◎著 郭婷◎编

吉林出版集团股份有限公司 | 全国百佳图书出版单位

众将归唐

程咬金抓住秦王,和秦叔宝一起把他押回金墉城。在魏徵建议下,李密把秦王关进牢里。刘文静来说和,也被关进牢里。李密带兵前往开州时,魏徵等人放走了秦王和刘文静。李密平定开州之后,与窦建德手下的王综人马交战,李密大败而回。

众将归唐

三

秦王建议唐帝李渊联合王世充对抗刘武周和萧铣。唐帝写了一封信派人送给王世充。没想到王世充看完信,却杀了信使,于是秦王带一队人马去洛阳攻打王世充。王世充大败,躲在城里不敢出战。

第二天,秦王带了十几人去打猎。他追着一只白鹿跑了好几里,转过一道山坡后,白鹿忽然不见了。秦王往下一看,平原上立着一座城池,城门上写着"金墉城"三个大字。秦王知道这是李密的地盘。

众将归唐

七

秦王刚要走,没想到程咬金提着板斧,冲出城门,秦叔宝紧跟在后。程咬金大喊:"李世民,别走!"秦王勒住马问:"你是谁?"程咬金报上姓名,举起板斧劈向秦王,两人打了三十多个回合。

秦王眼看要败,策马就跑,程咬金紧追不舍。秦王躲进了老君庙。秦叔宝赶到时,看见程咬金举着斧子正劈向秦王的脑袋,他赶忙冲上去用双铜架住,喊道:"咬金,你太莽撞了。魏公可没让你打死他。"于是,秦王被两人押回金墉城。

李密本想杀了秦王,魏徵说:"要是杀了秦王,李渊恐怕会倾全国之力为儿子报仇,不如把他作为人质先关起来。"于是,李密让人把秦王关进牢里。

李渊接到消息，就派和李密沾亲的刘文静去说和。没想到李密把刘文静也关进了牢里。这时，有人禀报说开州有人造反，于是李密亲自带兵前往开州，让魏徵、秦叔宝留下统领国事。

众将归唐

一五

秦王和刘文静被关在牢里,但秦叔宝时常照看,并没受什么苦。徐懋功说:"他现在落了难,我们正好去结识一下。"魏徵说:"趁主公不在,我们一起去找秦王、刘文静聊聊。"

第二天,三人备了酒菜,偷偷去看望秦王。众人把酒言欢,十分投机。正说着,有人禀报狱官徐立本,说正宫娘娘让徐立本的女儿徐惠英进宫。

徐惠英回来后对父亲说:"娘娘刚刚让女儿帮忙写奏章,说要派人去孟津庆祝太子满月。我自作主张,帮爹爹把这个差使揽过来了,明天四更就要动身。"徐立木一听,连连赞好,又把这事告诉了秦王等人。众人一听,大喜过望。

众将归唐

一九

当晚徐立本让秦王和刘文静换了一身平民服装。秦叔宝为秦王、徐惠英、刘文静、徐立本和管家准备了五匹马,又拿出三封信,让刘文静分别转交给李渊、李靖和柴绍。然后,护送五人出了城门。

在路上秦王不停地称赞秦叔宝。徐立本说:"殿下,臣有个办法能让叔宝弃魏归唐。叔宝是个孝子,他的母亲秦老夫人,还有妻子孩子都在瓦岗。要是能把叔宝的家人都接到长安,还愁他不来吗?"

众将归唐

秦王说："想法不错，可是怎么接呢？"徐立本说："幽州总管罗艺的夫人是叔宝的姑母，今年正是秦老夫人的七十大寿，就说罗夫人要去泰安进香，路过瓦岗，接老夫人到船上小聚，秦母一定会去。"

秦王回到长安后,李渊下令封徐立本为上大夫,徐惠英做秦王的妃子,赐名徐惠妃。几天后,秦王派李靖、徐立本带两千精兵、几名宫娥和徐惠妃一起去瓦岗把秦老夫人骗出来。

李密平定开州之后,却遇上窦建德手下的战将王综,两队人马在甘泉山下交战。李密被王综一箭射中左臂,大败而回。

众将归唐

李密收到狱官徐立本私放秦王、刘文静的消息后，火冒三丈，连夜赶回了金墉城。魏徵、徐懋功、秦叔宝被李密大骂一顿。多亏祖君彦、贾润甫等人的再三求情，他们三个才没被处斩，只是被关进牢里，等待日后将功赎罪。

　　这天，有两个人带了不少礼物来到瓦岗山，他们自称是罗艺手下的旗牌官尉迟南和尉迟北，说这些东西是罗夫人为秦老夫人准备的寿礼，罗夫人现在就在山下的船上，请秦老夫人去见。

第二天,秦母、程母、张氏收拾好,带着秦怀玉坐上轿子去和罗夫人见面,连明带着三十多人护送他们。一行人走了十多里,来到河边,只见河里有两条大船和不计其数的小船。

连明让人过去通报。没一会儿,就听见三声炮响,金鼓齐鸣,四五个丫鬟簇拥着一个美丽的宫妆少妇从船舱里走出来,这人正是徐惠英。秦母问:"你是谁?"一个丫鬟说:"这是老爷的二夫人。"秦母也不好再问,就跟她们进了船舱。

众将归唐

李靖站在船楼上看到秦怀玉,说:"年纪不大,英气惊人。"他让人把秦怀玉请过来,并拿出秦叔宝的信给他看。

　　连明见船队十分整齐,心里有些怀疑。忽然他看到徐立本走过来,心中大惊。徐立本把秦王的意思告诉了连明。

徐惠妃见秦母婆媳都十分朴实，就将实情对两人说了。而程母喝多了酒，已早早睡下。秦母说："现在魏国还算繁盛，仓促之下，叔宝恐怕不会答应。夫人还是让人去问问再说。"徐惠妃说："好，您先别跟程夫人说。"

早上,秦怀玉忽然听见有人喊"前方有三四十艘贼船靠过来",他披上衣服,跑出去看。只见李靖亲自指挥作战,一时之间,炮声、呐喊声震天响。不到两个时辰,战斗结束,李靖大获全胜并抓到了对方的头目。

连明在船尾看到那个头目正是贾润甫,他连忙往船头跑,可是船上的兵卒太多,他挤不过去。李靖亲自审问贾润甫,贾润甫说自己叫贾和,奉李密的命令去王世充那讨要借出的粮食。

李靖说:"李密借粮食给王世充,怎么可能要得回来?这样的庸人,以后难堪大任。"贾润甫说:"鹿死谁手还不知道,明公的话说得太早了。"李靖听了,拍着桌子骂道:"李密抓秦王的事我还没说,现在你们倒撞上来了!来人,拉下去砍了!"

众将归唐

三九

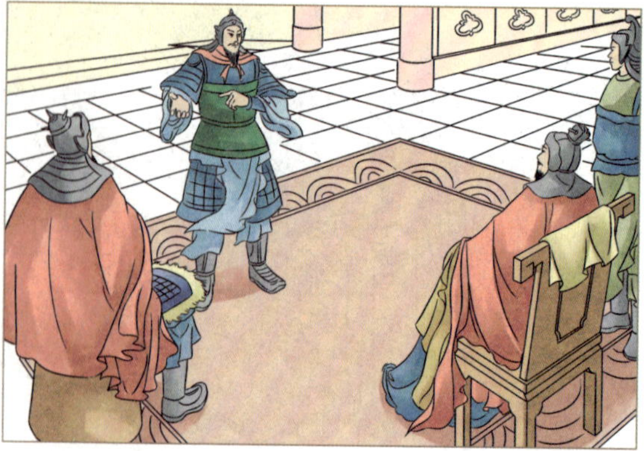

连明听了吓得魂飞魄散,忙去找秦怀玉帮忙。秦怀玉倒不担心。果然,没一会儿,李靖又让人将贾润甫带回来,说:"兄弟不要介意,我只是想试试您的胆量。秦王求贤若渴,我哪敢随便杀人,有几个朋友正等着见您呢!"

这时,徐立本、连明、秦怀玉走过来,贾润甫大惊失色。徐立本将事情的经过告诉了他。贾润甫见了秦母,说:"魏公知道叔宝他们放了秦王和刘文静后,就把他们关到牢里了。"秦怀玉一听,放声大哭,要去把父亲救回来。

众将归唐

四三

隋唐演义 四

四四

贾润甫又说:"别慌,现在已经放了出来。魏公让我去王世充那里讨回粮食。当初王世充跟魏公借粮食,我极力劝阻,可魏公不听。粮食借给王世充之后,我们遇上了鼠患,仓里的粮食被吃掉八九成。最近萧铣又来借粮,扬言如不借粮,就要硬抢。

所以魏公就把叔宝他们放出来,让叔宝和罗士信去讨伐萧铣。徐懋功去了黎阳,魏徵看守洛仓。伯母跟着李元帅去长安也好,等我见了秦大哥,让他去长安找您。"李靖见贾润甫心思缜密,是个人才,就想让他归顺。

众将归唐

四七

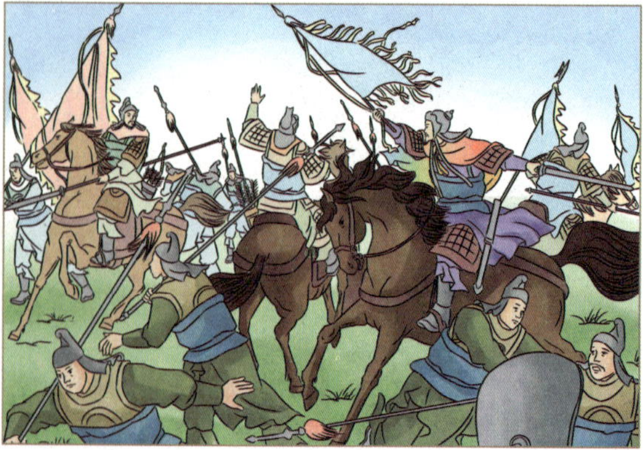

贾润甫却说:"我很清楚现在的形势,但我不能因为魏国开始衰败就离开,还是善始善终的好,后会有期。"贾润甫向王世充讨粮,果然没要回。李密大怒,只带了单雄信和程咬金两人去攻打王世充。

可这两人只擅长打硬仗,不擅长谋略。程咬金和单雄信正在与敌人激战,前面忽然出现了七八队青面獠牙的大汉,身穿五色长袍,脚下踩着高跷,硫黄火药炸得漫天都是。那些人齐声大喊:"天兵到了,还不投降!"

单雄信和程咬金看得目瞪口呆，后边的士兵吓得四散奔逃。单雄信大着胆子还想厮杀，忽然有人喊："抓到李密了！"程咬金抬头一看，"李密"被反剪着手压在马上。其实这个"李密"是王世充让一个士兵假扮的，用来迷惑魏军军心。

果然，魏军军心大乱。单雄信也信以为真，只得降了。程咬金因担心母亲，就偷偷跑了。李密的兵马降的降、跑的跑，只剩下他自己，独木难支，被人前后夹攻。没办法，李密换了一身士兵的衣服，逃到洛口仓去找贾润甫。

众将归唐

五一

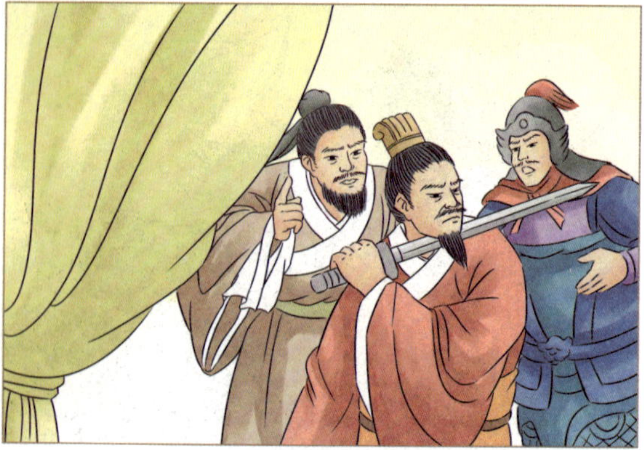

第二天,程咬金到了洛口仓,魏徵也到了。李密惊讶地问魏徵出了什么事。魏徵说:"邴元真将金墉城献给了王世充,好在娘娘和世子已经先一步被送到了瓦岗。"

这时,一个士卒跑来说王世充的人马追来了,又一个士卒跑来说虎牢关失守。魏徵也没了主意,李密叹道:"当年兄弟们勠力同心,今天竟然众叛亲离。我活着还有什么意思!"说完,他拔出佩剑就要自刎。

王伯当冲上去阻拦,大家都哭了。哭了一会儿,李密抹掉眼泪,说:"算了,我虽然壮志凌云,但现在也没有办法。大家跟我一起到关中投奔唐帝吧。"众人齐声说:"愿跟主公一起归唐。"程咬金因当初差点杀了秦王,死活不去。

众将归唐

五五

隋唐演义 四 五六

李密没等秦叔宝回来,也没跟徐懋功说,就带着两万兵马将投了唐帝。唐帝非常高兴,封他为光禄卿上柱国,赐邢国公。封王伯当为左武卫将军,贾润甫为右武卫将军,魏徵为西府记室参军。唐帝还把表妹独孤氏赐给了李密为妻。

唐帝给李密的官职虽然不大，但也算礼遇有加，可李密非常不服气。大半个月后，秦王灭了薛举的儿子薛仁杲，班师回朝。唐帝特意让李密去接秦王，想要化解两人的恩怨。没想到秦王记仇，故意戏弄了李密一番。

　　秦王去看望生病的魏徵，问："程咬金那个莽夫怎么没来？"魏徵说："他得罪过殿下，哪敢来？不过他人虽粗，却十分孝顺，要是知道程母在这儿，一定会飞奔过来，到时还请殿下别跟他计较。"二人相谈甚欢。

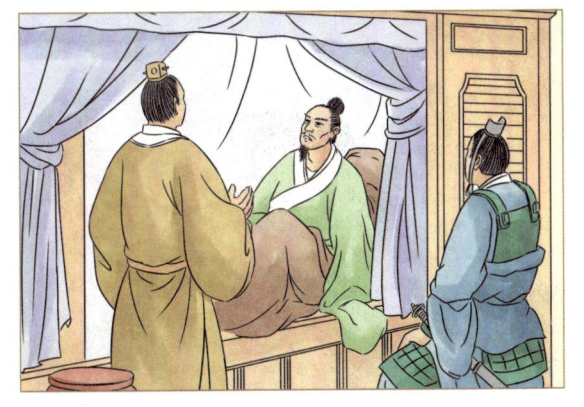

众将归唐

五九

隋唐演义 四

六〇

程咬金到了瓦岗,尤俊达告诉他,程母陪秦老夫人婆媳见亲戚,被秦王骗到长安了。程咬金喊道:"天杀的秦王,竟想出这样的毒计。"然后快马加鞭去了长安。

秦王见程咬金来了,就让将士手持兵器分列两侧,喊道:"程咬金,你是来送死的吗?当年你在老君庙差点劈死我,今天我要好好教训你!"程咬金大笑道:"大丈夫恩怨分明,要杀我可以,快点把我老娘叫出来,让我见一面,这颗脑袋就给你了!"

秦王说:"带他去见母亲,见过了再回来受刑!"程咬金见了母亲,二人抱头痛哭。程咬金见母亲被照顾得很好,知道自己误会了秦王。这时,差官来报:"殿下有旨,恕程咬金无罪。赶快换身衣服,跟我去见秦王。"程咬金赶忙跪下谢恩。

秦王带程咬金去见唐帝,唐帝见他威风凛凛,豪气爽朗,就封他做了虎翼大将军,兼西府行军总管。第二天一早,程咬金便辞别秦王,去找秦叔宝、徐懋功,让他俩来一起为唐朝效力。

众将归唐

六三

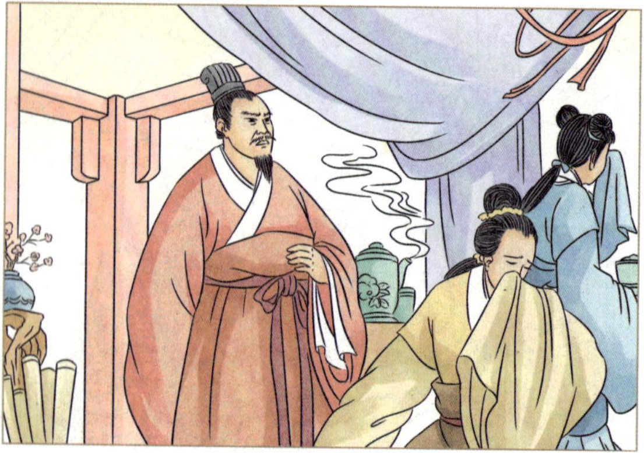

李密自从被秦王羞辱之后，每天都郁郁寡欢。听说程咬金被封为虎翼大将军后，他觉得自己留在长安没有出路，于是决定离开。贾润甫知道后极力劝阻，李密非常生气。

　　李密回到内室，问独孤公主愿不愿意跟他一起走。公主听了，大骂李密忘恩负义，李密更加火大。当晚，李密带着六十多人逃离长安。秦王收到消息后，火冒三丈，下令各地官府严加追捕。

李密让贾润甫和祖君彦带人走大路去黎阳,自己和王伯当带人走小路去伊州。李密和王伯当带着三十多人走了几天,到了桃林县。因为差役严加盘查,李密的手下拔刀便砍,直接冲进城里,并趁机狠狠抢劫了一把。

　　县官方正治被吓得连夜逃往熊州,将事情和守将史万宝一说,史万宝又惊又怕。但总管熊彦师说:"没事,给我几十人,保证拿到他们的首级。"

众将归唐

六七

国学小香书

隋唐演义 四

六八

第二天,李密和王伯当一行人到了熊耳山南山脚下,左边是高山,右边是山涧。忽然一声炮响,山上的树丛里飞出无数箭矢,伏兵从前后冲出,他们进退无路,身无盔甲。王伯当扑到李密身上,全力掩护,最后两人都死在了乱箭之下。

伏兵砍下两人的首级,献给唐帝。唐帝大喜,下令将两人的首级悬挂在城楼上示众。魏徵见到二人的首级,号啕大哭。他对秦王说他要到熊耳山去找王伯当和李密的尸身,秦王不同意。

魏徵对秦王说:"我只能为他们做这件事了。殿下也应该去,现在正是让流落在外的魏将以及以后的降将,看到殿下仁德的时候。"秦王把这件事跟唐帝说了,于是唐帝下令赦免了李密和王伯当的家眷以及魏国逃亡在外的将士。

众将归唐

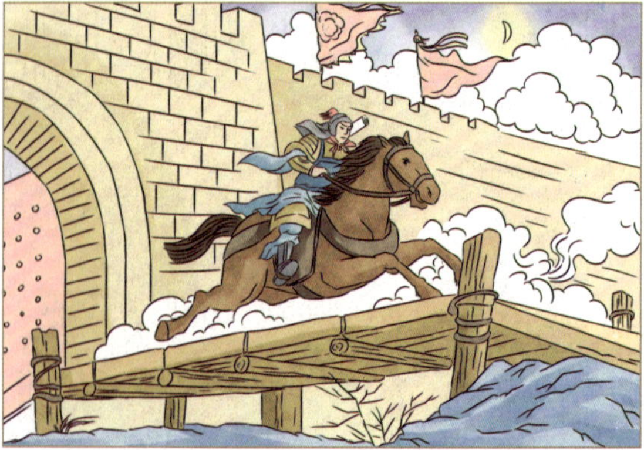

而秦叔宝和罗士信打败萧铣后,路过黎阳,徐懋功告诉秦叔宝:"伯母她们已经被秦王请到长安。秦王一定会好好照顾伯母。魏公战败归唐,但他不会一直待在那儿。等他定下来,你再去长安。"秦叔宝觉得有道理,写了两封信让罗士信偷偷带去长安。

这天,秦叔宝和徐懋功去打猎,路遇一支丧队。秦叔宝一看竟然是魏徵。魏徵说:"魏公和伯当兄已经亡故!我已经找到魏公和伯当兄的尸身,但他们的头还挂在长安城上。"秦叔宝和徐懋功听了都号啕大哭。徐懋功说:"我去取回他们的首级。"

七五

隋唐演义 四

七六

徐懋功单枪匹马来到长安,见到城墙上的首级,他心如刀绞,跪在地上大哭不止。守城的军士见了,把他抓了去见唐帝。徐懋功对唐帝说:"臣感念君臣之义、朋友之亲,这才大哭。陛下若是因为怨恨仇人的骸骨而杀臣,那还有贤德的人敢来投奔大唐吗?"

唐帝下旨将李密、王伯当的首级取下来。徐懋功说:"求陛下让臣将魏公安葬,如此,臣一定会对陛下感恩戴德,誓死忠于大唐。"唐帝龙颜大悦,下旨李密可以按照原官的品级安葬。徐懋功谢恩,带两人的首级连夜去了熊耳山。

　　程咬金快到瓦岗时,遇到贾润甫,得知李密已死,忍不住大哭。程咬金问贾润甫以后有什么打算,贾润甫说:"我现在只想纵情山水,安度余生。"说完,拱拱手上马走了。

众将归唐

七九

国学小香书

隋唐演义 四

八〇

程咬金想:"大丈夫应该做一番大事。在所有兄弟中,对我最好的是尤员外,现在我遇上了好皇帝,也得把他带过去。"于是他到瓦岗,与尤员外收拾好库银粮饷,带上各家家眷以及守寨的兵丁一共一千多人,前往熊耳山。

徐懋功见程咬金把李密、王伯当的家眷带来了,忙将她们带到两人坟前。王娘娘和王伯当的夫人抱着棺木放声大哭,诸将也跟着哭。程咬金回长安复命前,魏徵交给他一封信,让他带给徐立本。

程咬金回到长安,将魏徵的信件给了徐立本,徐立本又将信交给了女儿徐惠妃。徐惠妃念及和王娘娘的旧情,劝秦王上书,让朝廷出面为李、王两人风光大葬。秦王说:"魏国的兵将个个都能征善战,要想收服他们,我必须亲自去一趟才行。"

魏将们得到消息,都欢欣雀跃。几天后,秦王来了,离熊耳山还有几里时,徐懋功、魏徵、秦叔宝带了大队人马前来迎接。秦王见那些兵将盔甲鲜明,旗带整齐,心想:"有这样的兵将,李密还没成事,实在太可惜了。"

众将归唐

八三

隋唐演义 四

八四

一路上鼓乐引着秦王直到墓地，秦王去拜祭李密。徐懋功、魏徵、秦叔宝、程咬金四人站在左边，王当仁扶着三四岁的世子李启运站在右边，墓地内哭声震天。

　　秦王带这些人到长安拜见唐帝。唐帝分别封徐懋功、秦琼为左、右武卫大将军，罗士信为马军总管、尤俊达为左三统军、连明为右四统军，于是魏国众将尽皆归唐。

秦王兄弟起纷争

唐帝在丹霄宫静养,秦王每天服侍汤药。一天晚上,唐帝让秦王回府去歇息。经过张、尹二妃寝宫时,秦王听见李建成、李元吉二人在里面喝酒谈笑。秦王将腰带解下来挂在宫门上,想要警示他们。

秦王兄弟起纷争

八七

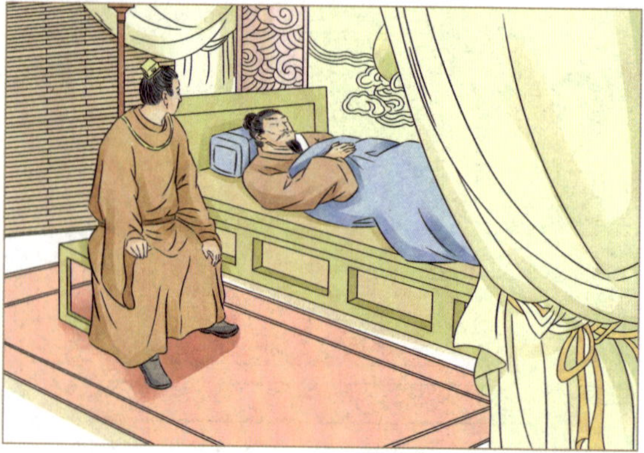

到了武德七年，秦王李世民已将四方反王都平定了。此时唐帝已老，窦皇后也已去世。后宫的妃嫔有子嗣的，有二十多个，没子嗣的不计其数。

这些人想方设法献媚邀宠，其中张、尹二妃更是花样百出。唐帝因身体不适在丹霄宫静养，秦王就住在丹霄宫，不回西府，每天服侍唐帝喝汤药。七八天后的一个晚上，唐帝觉得身子好些了，就让秦王回府去歇息。

秦王经过张、尹二妃寝宫时,听到里面又是弹琴又是唱歌,欢声笑语,又听见李建成、李元吉二人在喝酒谈笑,心想:"父皇正生病,他们倒在这喝酒唱歌了。"

秦王本想进去教训他们一番,但想着吵起来传到唐帝耳朵里,唐帝恐怕会病上加病,于是将腰带解下来,挂在宫门上,想要警示他们。

秦王兄弟起纷争

九一

隋唐演义 四

五更时，张、尹二妃正要送李建成、李元吉出门，忽然内侍拿着一条腰带进来，说不知道是谁挂在宫门上的。

李建成拿过来一看，竟是秦王的，吓得面无人色。张夫人看了，笑着说："殿下不必慌。秦王既然留下了腰带，我们就反咬他一口。"

说完,她拿过腰带割断了几处,和尹夫人一起去丹霄宫找唐帝,哭诉秦王昨晚借酒行凶,想要难为她们。

唐帝说:"世民这几天一直在照顾我,昨天晚上我才让他走,怎么会做出这等事?你们不要冤枉他。"

秦王兄弟起纷争

九五

九六

尹夫人哭着说:"妾身和姐姐服侍了陛下这么多年,什么时候冤枉过别人。陛下要为我们做主啊!"两人泪流满面,抱着唐帝又哭又闹。

唐帝只得派人去问秦王到底是怎么回事。秦王读了圣旨就知道是怎么回事了,于是写了一首诗让人带给唐帝。

唐帝打开一看,上面写着:家鸡野鸟各离巢,丑态何须次第敲。难说当时情与景,言明恐惹圣心焦。

不一会儿,宇文昭仪和刘婕妤也来见驾。宇文昭仪见到龙案上的纸,问道:"陛下怎么写起了郑卫之音?"唐帝说:"爱妃怎么知道是郑卫之音?"宇文昭仪说:"这首诗排头的四个字不是'家丑难言'吗?"

秦王兄弟起纷争

九九

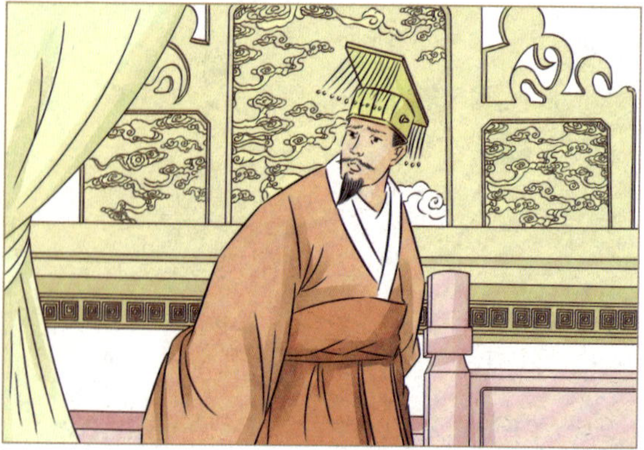

唐帝叹口气，将张、尹二妃告状的事说了。宇文昭仪说："秦王纵横四海，不知见过多少美人。要说他今天相中两位夫人，不太可信。两位夫人曾经请陛下赏赐土地给她们父母，被秦王上书驳回了，两位夫人还记恨着呢。"

三人正说着，一个内监进来禀报说平阳公主过世了。唐帝听了顿时泪如雨下，宇文昭仪、刘婕妤连忙劝了几句。

没多久,又有兵部的奏本送进来,说吐谷浑联合突厥,进犯岷州,请唐帝派兵支援。

唐帝下旨让驸马柴绍迅速料理好公主的后事,然后带一万精兵前往岷州,和燕郡刺史罗成一起歼灭吐谷浑和突厥联军。

这天,李建成和李元吉在园圃骑马试剑,正好遇到进宫见驾的秦王。

秦王兄弟起纷争

一〇三

隋唐演义 四

一〇四

唐帝称赞尉迟恭武艺出众，李元吉不服，非要和尉迟恭比槊。他要看尉迟恭能不能从自己手里抢到槊。

尉迟恭担心伤了李元吉不好交代，表示自己愿意用没有刃的木槊。两人一番比试下来，尉迟恭三次从李元吉手中夺下了槊。

李元吉恼羞成怒，私下与部下黄太岁说了几句，便举槊驱马冲向一旁观看的秦王。

尉迟恭追上来，喊道："尉迟恭在此！"李元吉扔下秦王，挥槊直击尉迟恭，没想到尉迟恭一把抓住槊柄，猛一用劲儿，就把李元吉从马上拽了下来。

一旁的黄太岁赶了过来，明着是救李元吉，实际上却挺槊直刺秦王。

尉迟恭拿起槊，反手给了黄太岁一下，黄太岁当即坠马身亡。

秦王兄弟起纷争

一〇七

一〇八

尉迟恭见黄太岁死了,急忙回去禀报唐帝,说黄太岁想要谋害秦王,被他杀了。

李元吉说:"秦王让尉迟恭斩杀我的爱将,陛下一定要杀了尉迟恭,给黄太岁偿命!"秦王说:"是黄太岁要杀我,尉迟恭才去救我的。"唐帝说:"敬德有救主之功,朕十分看重他。你们是兄弟,难道不应该互相扶持吗?"说完,便散朝不提。

秦王去为平阳公主送葬回来，入城的时候，有人来禀报，说李建成、李元吉在普救禅院备好了酒菜，请他过去喝酒。

　　秦王以为他们二人想通了，便带着人去了。席间李建成、李元吉又是道歉，又是劝酒。秦王也没多想，拿起酒杯就喝。

　　没想到刚喝了半杯，忽然飞过来一只燕子，将酒杯撞翻了，洒了秦王一身。

秦王兄弟起纷争

国学小善书 隋唐演义 四

一二二

秦王起身更衣,忽然觉得腹痛难忍,连忙带人回府。

当晚秦王腹痛吐血,险些丧命。秦王知道这是两个兄弟给自己下毒了。他手下的人又气又急,纷纷劝说秦王早点把这两个人除掉。

唐帝得知此事，忙去探望。秦王便将李建成、李元吉请他喝酒的事说了。唐帝叹口气说："当初朕想立你做太子，你不答应。建成已经做了这么久的太子，朕怎么忍心废他。不如这样，你去洛阳，朕准你在那儿建天子旗号。"

秦王的家眷臣属听到这个消息，以为从此可以高枕无忧了，个个欢欣鼓舞。

一二五

一一六

李建成听到消息,也觉得这样的安排不错。李元吉却说:"要是让他去洛阳,做了一方霸主,地广兵足,我们就活不成了!"李建成听了,觉得很有道理,于是二人决定找唐帝的近臣劝唐帝将秦王留在长安。

　　这天,秦王正在院子里赏兰花。有人进来禀报说,杜如晦、长孙无忌来了。长孙无忌皱着眉说:"臣等打探到东宫正在计划除掉殿下。现在情况紧急,臣等恐怕以后不能服侍殿下了。"

杜如晦说："前天，东宫派人到楚中招了二三十个亡命之徒。昨天晚上，我在驿站前面，亲耳听到有三四十个关外的汉子说要去投奔东宫。殿下想想，太子殿下既不掌兵，又不习武，为什么要召集那么多人？"

秦王兄弟起纷争

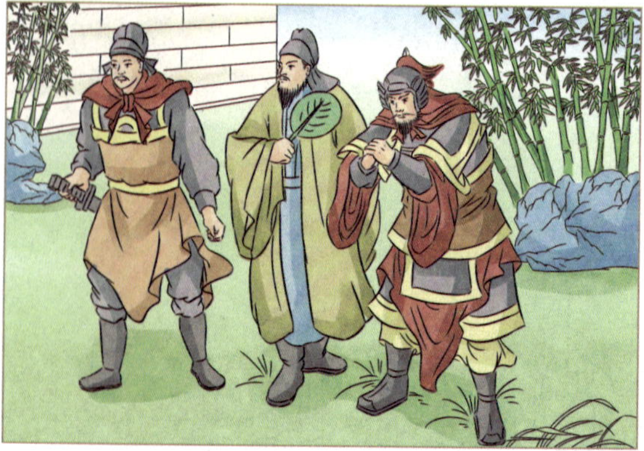

这时，徐立本、程咬金、尉迟恭也来了。程咬金摇着扇子说："天气炎热，事情如火，殿下想好怎么办了吗？"秦王说："骨肉相残的事，我绝不会率先动手。"尉迟恭说："殿下想得不错，不过我们也得早做准备，不能坐以待毙。"

徐立本说:"两位王爷谋害殿下的事,也不是第一次了。他们甚至还多次重金贿赂尉迟恭、程咬金他们。殿下要是不早做准备,万一有什么事,就来不及了!"秦王听了,让程咬金去找徐懋功,让杜如晦、长孙无忌去找李靖,看看他们怎么说。

秦王兄弟起纷争

隋唐演义 四

一二四

长孙无忌和杜如晦乔装打扮后来见李靖，李靖忙问怎么回事。杜如晦说了事情的经过，李靖说："秦王战功赫赫，功在天下。兄弟相争，我怎么帮得上忙？"

长孙无忌和杜如晦再三恳求，李靖只是笑着摇头。两人没办法，只得告辞离开。

两人来到西府,长孙无忌将李靖的话告诉秦王,秦王说:"咬金回来说了,徐懋功也是这个意思。"

秦王想了想,吩咐尉迟恭去找张公谨,让他来测吉凶。正说着,张公谨就来了。秦王将李建成、李元吉的事告诉张公谨,让张公谨卜卦。张公谨笑着说:"卜卦是用来下定决心的,现在已经没有第二条路可走了,哪里还用得着卜卦?"

秦王兄弟起纷争

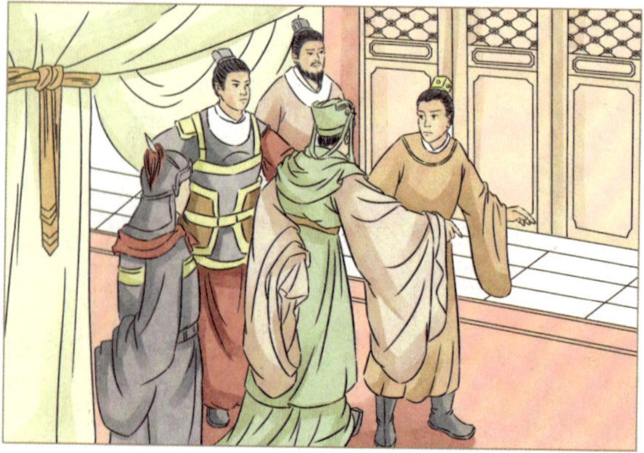

秦王说:"既然如此,我明天早朝就去参奏他们一本。"当时张公谨已经做了都捕,负责守卫玄武门。他对秦王说:"殿下,臣等虽然都是心腹,不过做事还是谨慎一些得好。明天早朝的时候,臣自有应对的办法。"

早朝时,唐帝见秦王的奏章上写着李建成、李元吉淫乱宫闱之事,大吃一惊,批复说明天就审问他们。

张夫人、尹夫人知道秦王上书参奏的事,急忙派人通知李建成和李元吉。李元吉的意思是派精兵守卫王府,称病不上朝,看看情况再说。李建成却说:"我们手下有这么多精兵强将,有什么可怕的?明天早朝跟他当面对质。"

第二天四更,秦王穿上内甲战袍,尉迟恭、长孙无忌、房玄龄、杜如晦等人都在衣内穿着铠甲。

秦王兄弟起纷争

一三一

隋唐演义 四

三声炮响过后,秦王带人出府。走过两三条街,远远看见一队人马。杜如晦让人放炮,对方也放炮响应,原来是程咬金、尤俊达、连明等人。

没一会儿,斜刺里又出来一队人马,也放炮响应,是白显道、史大奈等人。紧接着,又一声信炮,可却不知道为什么没有人过来。

众人悄悄聚集到天策门楼。这时，有人禀报说，李建成带着四五百人来了。

秦王一听，提起剑就要过去。尉迟恭说："哪用得着主公亲自动手！"说完，自己带着一队人马冲了上去。

东宫招募的那些死士怎么可能是尉迟恭的对手？尉迟恭一阵冲杀，就掀翻了三四个。

秦王兄弟起纷争

一三五

隋唐演义　四

一三六

到了临湖殿，秦王追上李建成。李建成朝秦王连发三箭，可惜一箭都没中。

秦王拉开弓，一箭射中李建成后心，李建成中箭，跌落马下。长孙无忌赶过去，一刀杀了李建成。

李元吉见了，急忙往后跑，这时边上又响起一声信炮。秦怀玉冲出来，一枪将李元吉从马上挑了下来。

秦王飞奔过来，杀了李元吉。当时翊卫军骑将军冯翊、冯立听说李建成死了，就想为李建成报仇，和副护军薛万彻带上一千兵马，突袭玄武门。

张公谨命人紧闭城门，把他们挡在外面。唐帝听到外边大乱，连忙问怎么回事。

尉迟恭回复说："太子、齐王带兵作乱，秦王已经将战乱平息了。"

秦王兄弟起纷争

隋唐演义 四

一四〇

唐帝大惊，忙问："太子、齐王现在何处？"尉迟恭说："都被秦王斩杀了。"唐帝听了，拍案大哭。

裴寂等人劝唐帝说："陛下不要伤心了。秦王功高盖世，陛下不如将国家大事都交付给他，以后就不要再操心这些事了。"

事已至此,唐帝也没什么办法,只得封秦王为太子,将国家大事都交给他处理。武德九年八月,秦王在显德殿继位登基,这就是唐太宗。唐高祖做了太上皇,长孙氏做了皇后。

　　唐太宗追封先太子李建成为息隐王,齐王李元吉为海陵刺王。唐太宗的长子李承乾被立为皇太子。

秦王兄弟起纷争

一四三